Spielerisch Deutsch lernen

Grundwortschatz-Rätsel für das 1. Schuljahr

Autorin: Gisela Dorst   Illustration: Falko Honnen

Hueber Verlag

Gisela Dorst findet, dass Kindern das Recht-
schreibenlernen leichter fällt, wenn ihnen fantasie-
volle Rätsel und Übungen dabei helfen. Kindern
Freude am Schreiben zu vermitteln, liegt der enga-
gierten Pädagogin sehr am Herzen. Gisela Dorst ist
seit 1974 Lehrerin und leitet heute eine Grund-
schule in Hessen.

Falko Honnen zeichnete schon als Schüler gerne
in seine Lateinbücher. Später studierte er Grafik-
Design in Köln. Seit 1986 arbeitet er als Illustrator
für Buch- und Zeitschriftenverlage sowie für die
„Sendung mit der Maus". Seine Zeichnungen für die
Grundwortschatz-Rätsel sind äußerst pfiffig und
witzig, was Kinder besonders anspricht.

6. 5. 4. | Die letzten Ziffern
2026 25 24 23 22 | bezeichnen Zahl und Jahr des Druckes.
Alle Drucke dieser Auflage können, da unverändert,
nebeneinander benutzt werden.
1. Auflage
Grundwortschatz-Rätsel für das 1. Schuljahr © 2003 Loewe Verlag GmbH, Bindlach
Illustrationen von Falko Honnen
Lizenzausgabe für Hueber Verlag & Co. KG, München, Deutschland 2013
Umschlaggestaltung: creative partners gmbh, München
Umschlagillustration: Falko Honnen
Layout und Satz: Loewe Verlag GmbH
Druck und Bindung: Passavia Druckservice GmbH & Co. KG, Passau
Printed in Germany
ISBN 978-3-19-109470-6

Art. 530_06652_001_04

Inhalt

Vorwort 4

Liebe Eltern 6

So kannst du auch sagen . . . 6

Dieses Heft gehört: 7

Großes und kleines Abc . . . 8

Anlaut-Rätsel 10

Namenwörter finden 11

Reimwörter bilden 12

Bunte Pause **13**

Purzelwörter 14

Farben 15

Geheimschrift 16

Zahlen schreiben 17

Wiewörter 18

Bunte Pause **19**

Richtige Wörter finden 20

Gitterrätsel 21

Wörter nachspuren 22

Tunwörter 23

Wörterrahmen 24

Bunte Pause **25**

Bilderrätsel 26

Einzahl und Mehrzahl 27

Silben verbinden 28

Purzelsätze 29

Wörterschlangen 30

Bunte Pause **31**

Wörter mit **B** im Anlaut 32

Rückwärts
geschriebene Wörter 33

Lückenwörter 34

Reimpaare finden 35

Purzelwörter 36

Bunte Pause **37**

Lösungen **38**

Meisterurkunde **40**

Vorwort

Play your way to German – Basic Vocabulary Quizzes – Level 1

→ For children with basic reading skills
→ Important spelling skills and rules from the first year in German schools (Level 1)
→ Sounds, syllables, nouns, verbs, rhyming words and easy sentence structures

Children who live in a German-speaking environment but whose mother tongue is not German, learn German as a second language. Our German language learning materials are especially designed for these children and offer a wealth of exercises to develop their knowledge of German in the best possible way. The children will improve their language skills and enjoy themselves at the same time.

→ The aim of the material is that children acquire a solid basic vocabulary and adequate grammar skills.
→ The contents of the books describe everyday situations that children are familiar with.
→ Every exercise page thematizes a specific problem, for example capitalization, plural forms, etc.
→ The colourful and funny illustrations support a strategy of learning by playing.
→ At the end of the book you find an answer key and a 'Masters-Certificate' where the kids can enter their names after completing all the exercises successfully.

Aprender alemán jugando – Vocabulario básico – Crucigrama – nivel 1

→ Dirigido a niños que ya saben leer.
→ Los contenidos de ortografía más importantes del primer curso de Primaria.
→ Sonidos, sustantivos, verbos, rimas y frases sencillas.

Dirigido a niños que viven en un entorno de habla alemana, pero cuya lengua materna no es la lengua alemana. Nuestros cuadernos ofrecen una variada serie de actividades con el objetivo de reforzar conocimientos y desarrollar competencias comunicativas en la lengua alemana de forma lúdica y amena.

→ Elaborado con la finalidad de adquirir conocimientos básicos sólidos en el ámbito del vocabulario y de la gramática.
→ Los contenidos de aprendizaje del libro se presentan a través de situaciones de la vida cotidiana del niño y de sus propias experiencias.
→ Cada página contiene actividades relacionadas con un tema determinado, por ejemplo el uso de las mayúsculas y de las minúsculas, rimas, la formación del plural, etc.
→ Las ilustraciones en color son divertidas y atractivas y ayudan al niño a aprender jugando.
→ Al final del libro se incluyen las soluciones para la autocorrección y un "Certificado para el campeón", en el que tras terminar todas las actividades, el niño podrá escribir su nombre.

„Nauka niemieckiego bez trudu" – zagadki z zakresu słownictwa podstawowego – pierwszy poziom nauczania

→ Dla dzieci umiejących już czytać
→ Najważniejsze zagadnienia ortograficzne z programu pierwszej klasy szkoły podstawowej
→ Głoski, sylaby, rzeczowniki, czasowniki, rymy i proste struktury zdań

Dzieci żyjące w niemieckojęzycznym otoczeniu, których językiem ojczystym nie jest język niemiecki, uczą się niemieckiego jako drugiego języka. Z myślą o tych dzieciach stworzyliśmy nasze podręczniki. Oferują one szeroki wachlarz ćwiczeń, poprzez które dzieci mogą - w formie interesującej zabawy- optymalnie rozwijać znajomość języka niemieckiego!

→ Celem nauczania jest przyswojenie sobie solidnych podstaw z zakresu gramatyki i słownictwa.
→ Tematy przedstawione w podręczniku nawiązują do świata dziecięcych przeżyć i są dzieciom doskonale znane z ich życia codziennego.
→ Każda strona zawiera ćwiczenia, które odnoszą się do określonego tematu, np. pisowni z dużej i małej litery, tworzenia rymów lub też tworzenia liczby mnogiej, itd.
→ Ładne i dostosowane do wieku ilustracje sprawiają, że nauka sprawia dzieciom wiele przyjemności.
→ Na końcu podręcznika znajduje się klucz do ćwiczeń, dzięki któremu dzieci same mogą sprawdzić swoje odpowiedzi oraz także dyplom mistrzowski, w którym każde dziecko po rozwiązaniu wszystkich zadań może wpisać swoje imię i nazwisko.

„Spielerisch Deutsch lernen" Основная лексика – загадки (Уровень 1)

→ Для детей, которые уже умеют читать.
→ Самые важные правила правописания для первого года обучения.
→ Звуки и слога, существительные, глаголы, рифмы и простые структуры постраения предложения.

Все, кто живёт в немецкоязычной среде и для кого немецкий язык не является родным учат его в качестве второго языка. Наши учебные тетради предназначены для детей и предлагают им красочное изобилие упражнений, с помощью которых дети прекрасно развивают свои языковые навыки и умения – играючи и с интересом!

→ Учебной целью является формирование прочных знаний в разделах лексики и грамматики на начальном этапе.
→ Учебное содержание книг охватывает темы, хорошо знакомые детям из их повседневной жизни и пережитых событий.
→ Каждая страница содержит упражнения на определённые темы, например, прописные и строчные буквы, образование множественного числа и многое другое.
→ Адоптированные для детей занимательные иллюстрации доставляют большое удовольствие заниматься немецким языком.
→ В конце книги находятся ключи к заданиям для самоконтроля, а также «Грамота чемпиона», где дети по завершению всех заданий могут внести своё имя.

Oynayarak Almanca Öğrenmek – Genel kelime hazinesi-Bulmaca – Öğrenme Seviyesi 1

→ Okumayı bilen çocuklar için
→ Birinci sınıfta öğretilen en önemli yazım konuları
→ Sesli kelimeler, sözcükler, isimler, fiiller, uyakli kelimeler ve basit cümle kurallari

Almanca konuşulan bir çevrede yaşayıpta Anadili Almanca olmayan çocuklar, Almancayi ikinci bir dil olarak öğreniyorlar. Bu öğrenim paketi çocukların bilgi ve becerisini geliştirmek için merak uyandırıcı ve eğlenceli bir oyun şeklinde hazırlandı. Amacımız çocukların kelime hazinesini ve dilbilgisini geliştirmektir ve bu hepsi oyun olarak ve uyarıcı bir şekilde.

→ Bu kitabın amacı kelime hazinesi ve gramer bilgilerini arttırmaktır.
→ Kitapların içeriği, çocukların kendi günlük yaşamlarından ve tecrübelerinden tanıdık durumlardan oluşuyor.
→ Her sayfada özel ödevler bulunur, mesela Büyük/Kücük harfe yazma, uyakli kelimeler, cogul kurmak, vb.
→ Hoş ve yaşa uygun olan illüstrasyonlarla çocuklar öğrenirken ayni zamanda eğleniyor.
→ Kitabın sonunda kontrol için cevap anahtarı ve bir „ustalık belgesi" yer alıyor, ve çocuklar tüm ödevleri bitirdikten sonra bu belgeye isimini yazabilirler.

Liebe Eltern,

im ersten Lernjahr entdeckt ihr Kind das Schreiben und Lesen. Nun ist es wichtig, die ersten Wörter zu festigen, da eine sichere Rechtschreibung für den weiteren Lernerfolg von großer Bedeutung ist.

Die **Grundwortschatz-Rätsel** helfen Ihrem Kind, den neuen Wortschatz auf spielerische und motivierende Weise zu üben. So wird das Üben leichter und macht auch noch Spaß. Die Aufgaben sind so aufgebaut, dass Ihr Kind sie allein lösen kann. Für die Aufgabenstellung wäre das Vorlesen durch einen Erwachsenen hilfreich. Zwischendurch sorgen **Bunte Pausen** für ein wenig Entspannung. Die **Selbstkontrolle** am Ende des Buches erhöht die Motivation und leitet behutsam zum selbstständigen Arbeiten an. Hat Ihr Kind die Aufgaben erfolgreich erledigt, darf es sich die **Meisterurkunde** auf der letzten Seite ausstellen.

Stehen Sie Ihrem Kind stets als Lernpartner zur Seite und beantworten Sie eventuelle Fragen. Loben Sie Ihr Kind für seine Leistungen. Das spornt an und stärkt das Selbstvertrauen.

So kannst du auch sagen:

Begriff:	auch:	Beispiele:
Grammatische Begriffe		
Begleiter	Artikel	der, die, das, ein, eine
Namenwort → *Einzahl/Mehrzahl*	Hauptwort, Nomen, Substantiv → *Singular/Plural*	Mensch, Kind, Hund, Blume → *der Hund/die Hunde*
Tunwort	Tätigkeitswort, Zeitwort, Verb	essen, laufen, sehen
Wiewort	Eigenschaftswort, Adjektiv	schön, nett, klein
Zahlwort	Numerale	eins, zwei, drei, …
Laute		
Anlaut	1. Laut eines Wortes	O̲nkel, f̲ünf, h̲eute, A̲uge, e̲ins
Doppellaut	Zwielaut, Diphtong	au, äu, eu, ei, ai
Mitlaut	Konsonant	b, c, d, f, g, h, k, l, m, …
Selbstlaut	Vokal	a, e, i, o, u
Umlaut		ä, ö, ü

Großes und kleines Abc

Logli hat ein Abc-Spiel gebastelt. Es gehören immer ein großer und ein kleiner Buchstabe zusammen. Verbinde die Paare mit Linien, und schreibe das Abc dann in der richtigen Reihenfolge auf.

A – a, _____

_____

_____

Anlaut-Rätsel

Logli ist ganz aufgeregt: Er hat eine geheime Nachricht bekommen!
Trage bei jedem Bild den passenden Anfangsbuchstaben ein,
dann kannst du die Wörter lesen.

Im alten Haus haben sich acht Tiere versteckt, um ihren Freund Logli zu überraschen. Kreise sie ein, wenn du sie gefunden hast.

W	R	K	A	T	Z	E	X
M	E	T	I	H	U	N	D
D	E	N	T	E	L	U	C
K	A	V	M	A	U	S	P
U	Y	I	G	E	L	J	O
R	E	G	E	V	O	A	S
K	U	H	C	H	A	S	E
D	B	A	V	O	G	E	L

Reimwörter bilden

Der kleine Feuerdrache Fredo spuckt Reimwörter an den dunklen Nachthimmel. Doch einige Wörter sind nicht vollständig. Kannst du sie ergänzen?

Logli sucht seinen Freund, den kleinen Feuerdrachen Fredo.
Leider erkennt er in der Dunkelheit nur Schatten. Findest du Fredo?
Kreise das richtige Schattenbild rot ein.

Purzelwörter

Der Wind hat alle Wörter durcheinander gepustet.
Kannst du die Purzelwörter trotzdem lesen?
Schreibe sie richtig zu den passenden Bildern.

Logli malt ein Bild von seinem Spaziergang. Hilf ihm, und spure
die Wörter auf den Tuben und Töpfen in den passenden Farben nach.
Male dann alles so, wie Logli es erklärt.

Das Gras ist grün.
Der Baum ist braun.
Das Blatt färbt sich rot.
Die Blume blüht blau und gelb.

Geheimschrift

Was möchte Logli mit an den Strand nehmen? Schreibe die Geheimschriftwörter richtig auf, schon weißt du es.

Buch

Streiche die beiden Sachen durch, die übrig bleiben.

Apfel

Puppe

Ball

Hut

Auto

Limo

Oje, bei den Zahlwörtern sind alle Anfangsbuchstaben verschüttet worden! Trage die fehlenden Buchstaben ein, und schreibe die Zahlen dann in der richtigen Reihenfolge auf.

ieben   wei

ünf   cht   ehn

rei   ier

ns   echs

eun

z s ei
n f v
d z s
a

Wiewörter

Auf dem Bauernhof gibt es so viele Tiere! Logli hat bei seinem Besuch
Fotos gemacht. Doch zu welchem Foto gehört welches Wiewort?
Schreibe jeweils das passende Wort dazu.

Oh, wie süß! Wenn du die Buchstaben nach dem Abc verbindest, siehst du, was für ein Tier hier im Körbchen liegt.

A B C D E F G H I J K L M
N O P Q R S T U V W X Y Z

Richtige Wörter finden

Das kleine Burggespenst hat nur Unsinn im Kopf! Es hat überall falsche Wörter eingeschmuggelt. Streiche sie durch, und schreibe das jeweils richtige Wort noch einmal auf.

Bach   Buch   Tuch

_____

Tanne   Tonne   Sonne

_____

Hase   Hose   Rose

_____

Burg   Berg   Zwerg

_____

Hund   Mund   Mond

_____

Bach
Rose
Sonne
Berg
Mond

Löse das Rätsel, und schreibe die Namen der Dinge in die Kästchen.
Die Buchstaben in den farbigen Feldern verraten dir, wie das kleine
Burggespenst heißt.

RITTER
TURM UHR
GESPENST
TRUHE
TOR BURG

Das kleine Burggespenst heißt

___ ___ ___ ___ ___ ___.

Wörter nachspuren

Was muss Logli für die Schule einpacken? Spure die Wörter auf dem Schreibtisch nach, und verbinde sie mit dem jeweils richtigen Bild. Male diese Sachen farbig aus.

Tunwörter

In der Pause ist was los! Trage ein, was die Kinder alles tun.
Die Lösungsbuchstaben verraten dir dann, was Logli in der
Pause am liebsten macht.

Klara __ __ __ __ __ laut.
    1

Nina __ __ __ __ __ __ __ __ __.
              2

Max __ __ __ __ __ __ einen Ball.
   3

Tommi __ __ __ __ __ herum.
     4

rennt
schaukelt
lacht
findet

Ich _l_ __ __ __ __
     1 2 3 4
in der Pause am liebsten.

Wörterrahmen

Oje! Logli ist krank und muss im Bett liegen. Schreibe die Körperteile von Loglis Poster richtig in die Wörterrahmen. So erfährst du, was ihm fehlt.

Ich habe

___ ___ ___ ___ ___ C ___ ___ ___ ___ ___ Z ___ !
1   2   3   4   5   7   8   9   10   12   13

Male den Blumenstrauß für Logli in deinen schönsten Farben an.
Dann freut er sich und wird sicher schnell wieder gesund!

Bilderrätsel

Löse das Bilderrätsel, und bringe die Buchstaben in den farbigen Feldern in die richtige Reihenfolge. Dann erfährst du, welches Tier bei Logli im Garten wohnt.

APFEL
BLUME
WIESE
VOGEL

Kannst du auch dieses Rätsel lösen?
Die Lösungsbuchstaben verraten dir, wo das Tier im Garten gerne schläft.

Bei Logli im Garten wohnt ein kleiner

_ _ _ _ _ _ _ .

Er schläft gerne im

_ _ _ _ _ _ .

BIRNE BLATT
BAUM AST

In Loglis Garten gibt es noch viele andere Dinge. Er hat sie für dich aufgemalt. Schreibe jeweils die passenden Wörter zu den Bildern.

ein Vogel — vier _____

eine Maus — drei _____

ein Baum — zwei _____

ein Blatt — viele _____

ein Apfel — fünf _____

Von **Namenwörtern** kannst du die **Mehrzahl** bilden.

MÄUSE BLÄTTER
VÖGEL ÄPFEL
BÄUME

Silben verbinden

Was bekommt Logli zum Geburtstag? Schreibe die Wörter richtig auf, dann weißt du es. Du musst immer zwei Silben verbinden.

Blu · se

Fuß · men

Ha · chen

Ku · ball

Ein Geschenk ist nicht für mich. Streiche es durch.

Loglis Purzelsätze verraten dir, was auf seinem Geburtstag alles passiert. Schreibe die Sätze richtig auf.

Kuchen.   isst   Papa

Hasen.   Opa   den   sucht

spielen   und   Fußball.   Oma   Mama

Satzanfänge schreibst du **groß**. Denk auch an den **Punkt** am Ende des Satzes.

Wörterschlangen

So viele spannende Märchen! Logli hat vor Aufregung vergessen, Abstände zwischen den Wörtern zu lassen. Trenne die Wörter mit einem Strich, und schreibe sie noch einmal richtig auf.

Beginne jedes **Namenwort** mit einem **großen** Buchstaben.

HexeHausKatze

KönigKroneGold

WolfWaldKind

Im Märchenwald ist einiges durcheinander geraten. Verbinde immer die beiden Bilder, die zusammengehören. Dann verraten dir die Lösungsbuchstaben Loglis Lieblingsmärchen.

1

AU

2

FR

3

LLE

4

HO

Mein Lieblingsmärchen ist:

_ _ _ _ _ _ _ _ _ _ _ .
  1   2   3   4

Wörter mit B im Anlaut

Logli hat ein Wolkenrätsel für dich gemacht. Male alle **B**-Wolken
bunt an, dann erkennst du, was Logli geschrieben hat.
Kreise die richtigen Dinge ein.

Was heißt denn das? Loglis Computer zeigt alle Wörter rückwärts an.
Kannst du sie trotzdem lesen? Schreibe sie richtig herum auf.

saD

tshcam

ud

znag

!llot

Lückenwörter

Oje, Loglis Einkaufszettel ist ganz verschmutzt. Hilf Logli, und trage die fehlenden Buchstaben ein. Male dann die richtigen Dinge in Loglis Korb.

ein Apf l
zwei B rnen
fünf Pfl men
vier K rschen
drei Ban nen

Was isst Logli am liebsten? Reime mit Logli, dann verraten es dir
die Lösungsbuchstaben. Kreise das richtige Gericht ein.

Ich esse am liebsten
| | | |
|1|2|3|
!

Meine kleine P U P P E

isst am liebsten 3 □ □ □ □ .

Mein Vater und meine M U T T E R

essen am liebsten □ □ □ □ □ □ .

Bei Oma auf dem T I S C H

steht jeden Freitag □ 2 □ □ □ .

Und Opa an der S E E

trinkt am liebsten □ 1 □ □ .

35

Purzelwörter

Piraten-Pit hat jede Menge Schätze gesammelt. Kannst du lesen,
was in welche Schatzkiste gehört? Male jeweils das Passende hinein,
und schreibe die Wörter richtig dazu.

Logli sammelt Wörter in einer Wörter-Schatzkiste. Fülle die Kiste
mit deinen zehn Lieblingswörtern, und schreibe sie für Logli
in deiner schönsten Schrift auf.

Lösungen

Seite 8/9: So gehören die Buchstaben zusammen:

A – a, B – b, C – c, D – d, E – e, F – f, G – g, H – h,
I – i, J – j, K – k, L – l, M – m, N – n, O – o, P – p,
Q – q, R – r, S – s, T – t, U – u, V – v, W – w, X – x,
Y – y, Z – z

Seite 10: Die Nachricht lautet: KOMM ZUM ALTEN HAUS!

Seite 11:
Hier sind die acht Tiere versteckt:

W	R	K	A	T	Z	E	X
M	E	T	I	H	U	N	D
D	E	N	T	E	L	U	C
K	A	V	M	A	U	S	P
U	Y	I	G	E	L	J	O
R	E	G	E	V	O	A	S
K	U	H	C	H	A	S	E
D	B	A	V	O	G	E	L

Seite 12: Die Reimwörter lauten: HAUS – MAUS,
NASE – HASE, MUND – HUND, TATZE – KATZE
und TURM – WURM.

Seite 13:
Das ist das richtige Schatten-bild:

Seite 14: Die Purzelwörter lauten: Wald, Baum,
Blatt, Blume und Gras.

Seite 15: Die Farben sind: grün, rot, gelb,
blau und braun.

Seite 16: Das möchte Logli mit an den Strand
nehmen: Apfel, Limo, Ball, Buch und Hut.
Das Auto und die Puppe bleiben zu Hause.

Seite 17: Das ist die richtige Zahlenreihenfolge:
1 eins, 2 zwei, 3 drei, 4 vier, 5 fünf, 6 sechs, 7 sieben,
8 acht, 9 neun, 10 zehn.

Seite 18: Die Kuh ist groß. Die Maus ist klein.
Die Eierschale ist hart. Das Küken ist weich.
Der Hund ist lieb.

Seite 19: Im Körbchen liegt eine Katze.

Seite 20: Die richtigen Wörter sind: Bach, Rose,
Sonne, Berg und Mond.

Seite 21: Die Wörter lauten: TRUHE, GESPENST,
TOR, BURG, RITTER, UHR und TURM.
Das kleine Burggespenst heißt HERBERT.

Seite 22: Logli muss Heft, Buch, Stift, Pinsel und
Lineal für die Schule einpacken.

Seite 23: Klara lacht laut. Nina schaukelt.
Max findet einen Ball. Tommi rennt herum.
Logli sagt: „Ich laufe in der Pause am liebsten."

Seite 24:
Logli hat HALS-
SCHMERZEN.

Seite 26: Die Wörter sind: WIESE, VOGEL, APFEL
und BLUME sowie BLATT, AST, BAUM und BIRNE.
Bei Logli im Garten wohnt ein kleiner IGEL.
Er schläft gerne im LAUB.

Seite 27: In Loglis Garten gibt es noch: vier Vögel,
drei Mäuse, zwei Bäume, viele Blätter und fünf Äpfel.

Seite 28: Das bekommt Logli zum Geburtstag:
Fußball, Hase, Blumen und Kuchen.
Die Puppe ist nicht für Logli.

Seite 29: So sind Loglis Sätze richtig:
Papa isst Kuchen.
Opa sucht den Hasen.
Mama und Oma spielen Fußball.

Seite 30: Die Wörter lauten: Hexe, Haus, Katze;
König, Krone, Gold; Wolf, Wald, Kind.

Seite 31:
Loglis
Lieblingsmärchen
ist FRAU HOLLE.

Seite 32: Logli hat die Wörter BALL und BUCH geschrieben.

Seite 33: Auf Loglis Computer steht: Das machst du ganz toll!

Seite 34: Das soll Logli einkaufen: einen Apfel, zwei Birnen, fünf Pflaumen, vier Kirschen, drei Bananen.

Seite 35: So lauten Loglis Reime:
Meine kleine PUPPE
isst am liebsten SUPPE.

Mein Vater und meine MUTTER
essen am liebsten BUTTER.
Bei Oma auf dem TISCH
steht jeden Freitag FISCH.
Und Opa an der SEE
trinkt am liebsten TEE.

Logli selbst isst am liebsten EIS.

Seite 36:
In diese Kisten
gehören die
Schätze:

Auf den Seiten 12, 15, 18, 23, 26, 27, 33 und 34 findest du Loglis kleinen Wörterwurm.

Logli Meisterurkunde

für

_____

Logli

LOCKER LERNEN MIT LOGLI